UNE VISITE MÉDICALE

AU

MUSÉE DES ANTIQUES,

PAR

LE DOCTEUR FÉLIX ANDRY,

Ancien chef de clinique à la Faculté de médecine de Paris.

PARIS.

IMPRIMÉ PAR E. THUNOT ET Cie,

Rue Racine, 26, près de l'Odéon.

—

1850

T.4 24.

UNE VISITE MÉDICALE

AU

MUSÉE DES ANTIQUES,

PAR

LE DOCTEUR FÉLIX ANDRY,

Ancien chef de clinique à la Faculté de médecine de Paris.

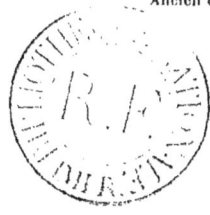

PARIS.

Imprimé par E. THUNOT et Cie,
Rue Racine, 26, près de l'Odéon.

1850

EXTRAIT
de la Gazette Médicale de Paris. — Année 1850.

UNE VISITE MÉDICALE

AU

MUSÉE DES ANTIQUES.

Une visite au musée des antiques ! — Eh ! pourquoi non, mon cher lecteur ? En présence de ces reproductions si variées de la forme humaine et de ces allusions symboliques si fréquentes aux principales phases de notre existence, la médecine, cette science de l'homme, cette science aux applications si diverses, doit-elle rester indifférente ou muette ? N'y a-t-il pas d'ailleurs un vif intérêt pour elle à promener ses regards sur ces divinités si nombreuses et qui, pendant si longtemps, reçurent les vœux de l'homme malade ; à chercher le sens de tant de poétiques emblèmes prêtés jadis à l'art de guérir par l'imagination ou la reconnaissance, et à revendiquer pour l'anatomie, cette sœur de la médecine, tant de ces qualités dont brille la statuaire antique : l'exactitude et la grâce dans le modelé, la vérité des saillies musculaires et osseuses, l'harmonie des proportions, la perfection de l'ensemble ? Loin de nous donc de vains scrupules : entrons, je ne dis pas même en anatomistes, assez d'autres l'ont fait avant nous, mais en médecins proprement dits, et allons rêver sur notre art au milieu de ces précieuses merveilles des temps anciens.

Cette idée d'ancienneté qui tout d'abord s'offre à l'esprit quand on pénètre dans cet asile où reposent tant de souvenirs des âges d'autrefois ; cette pensée que tous les personnages dont nous sommes entourés, que tous les artistes qui nous en ont conservé les images, que tous les contemporains de ces hommes célèbres dont notre mémoire se plaît souvent à les environner, que tout ce monde enfin a passé sur cette terre et puis est mort, et que nous entrons là par conséquent comme dans un séjour funéraire, comme dans des catacombes animées, comme dans ces Champs-Élysées que nous ont décrits les poëtes grecs et romains, tout cela, dis-je, fait que l'impression première que le philosophe ou le médecin ait à signaler sur le seuil de ce sanctuaire est sans contredit un retour sur le terme fatal où vient aboutir toute vie humaine.

Voici du reste que, pour motiver mieux encore apparemment cette impression, la statue qui, à l'entrée même de ces galeries (n° 22), va tout de suite attirer nos regards, ce génie couronné de fleurs, le dos appuyé contre un pin, les bras élevés et posés sur sa tête, les jambes croisées, n'est autre que l'emblème du repos éternel, le génie du repos des morts. Et remarquons à ce propos comme les anciens, qui n'aimaient guère à songer à la mort, sans la voiler de quelques charmes, qui évitaient même d'en prononcer le nom, comme un mot de mauvais augure, se sont appliqués à la revêtir, et dans leur poésie et dans leur statuaire, comme d'un masque de séduisantes couleurs et de fantaisies attrayantes et joyeuses. Ainsi, pour ne parler que de la plastique ou de la statuaire, qui doivent seules nous occuper ici, quelquefois sans doute l'art antique nous rendra témoins des scènes plus ou moins déchirantes qui succédaient au trépas d'une personne chère ; nous verrons, par exemple, dans cette cérémonie douloureuse qu'ils nommaient la conclamation, les parents du mort l'appeler à haute voix, au son des instruments de musique, pour s'assurer qu'il ne répond plus à leurs cris (n. 182 et 459); plus loin cette affliction des survivants viendra s'exprimer sur les sarcophages ou sur les urnes funèbres par certains symboles, tels qu'un flambeau éteint, des armes abaissées, des carquois jetés à terre, des vases renversés (n. 63, 384, 392, 396, 422); ou bien, en y dessinant un sphinx, elle semblera déplorer cette mystérieuse obscurité de la mort qui attend toujours son Œdipe (n. 104, 339) ; mais le plus ordinairement, à côté de ces signes de deuil ou de regrets, ou à leur place, nous ne rencontrerons que des allégories dénuées de tout caractère lugubre, ou même riantes. Nous venons de voir un bel adolescent couronné de fleurs et chez lequel tout respire la béatitude et la paix, représenter le sommeil éternel ; ailleurs ce sera un enfant ailé appuyé sur un flambeau et les mains croisées, ou plus souvent la main contre la joue avec un papillon auprès de lui ; ce sera un cheval à côté du mort, emblème de voyage, ou bien le mort lui-même à cheval marchant vers un arbre des Hespérides autour duquel s'enroule un serpent, expression complexe d'un bonheur enveloppé de ténèbres et d'un certain effroi ; ce seront des femmes portant la main droite au menton et la main gauche serrée contre leur poitrine, attitude que les artistes romains prêtent à leurs prisonniers, et qui, d'après M. Raoul Rochette, semble désigner aussi l'adieu suprême (O. Muller, Manuel d'archéologie, t. II). Bien souvent, et ceci nous ramène au musée que nous parcourons, et dont nous nous éloignerons le moins possible, nous trouverons sur les bas-reliefs sépulcraux le sommeil ordinaire et ses pavots (n° 58), ou une nymphe endormie (n° 491). Plus loin une urne cinéraire, ornée de masques tragiques (n° 60), nous rappellera que les scènes de cette vie, comme celles du théâtre, ne sont qu'une succession de plaisirs et de peines ; ou des convives, réunis autour d'un banquet, traduiront à nos yeux cette vie sensuelle des morts que les poètes grecs nous dépeignent comme un festin continuel (n. 535, 602, 643, 675, 677); ou enfin ce seront des néréides et des tritons voguant sur les flots de l'Océan, qui conduiront l'âme humaine, figurée par un génie, vers les îles fortunées qu'habitent les bienheureux (n. 75, 303, 460, 580).

Ainsi presque toujours l'art, chez les anciens, dominé par cet amour du beau qui en est le principal caractère, dépouille la mort de ce qu'elle a de hideux ou même d'affligeant pour l'embellir, et je dirais presque pour l'égayer, et si parfois il lui arrive de vouloir être plus vrai et de nous montrer ce que la mort fait de nous quand elle s'en est emparée, chose étrange, ce n'est pas sur notre demeure dernière que l'art viendra parler ce langage, c'est au milieu des fêtes, c'est dans les repas joyeux, c'est en associant cette sombre figure à l'ivresse des plaisirs, comme pour lui ajouter par le contraste un stimulant tout nouveau, comme pour dire à l'homme : jouis de la vie tandis que tu la possèdes, en raison même des rigueurs du trépas.

Ces réflexions me sont suggérées par ce bas-relief en marbre grec (n° 25), représentant une femme assise qui prépare des guirlandes, destinées sans doute à faire l'ornement d'un festin, et auprès de laquelle on remarque un squelette humain. Ce squelette auprès de ces guirlandes me reporte à ces festins des Égyptiens riches, à la fin desquels on promenait autour de la salle un cercueil avec une figure en bois, image d'un mort, que l'on montrait à tous les convives tour à tour en leur disant : Jetez les yeux sur cet homme, vous lui ressemblerez après votre mort, buvez donc maintenant et divertissez-vous (Hérodote, l. 2, § 78). Il paraît que les Romains adoptèrent cet usage, témoin ce squelette d'argent devant lequel Trimalchion s'écrie après l'avoir fait placer au milieu de sa table : Voilà ce que nous deviendrons tous, jouissons donc de la vie tant que les destins nous le permettent.

> Sic erimus cuncti postquam nos auferet Orcus;
> Ergo vivamus, dum licet esse bene.
>
> (Pétrone, Satyricon, § 34.)

A part cette signification, ou apparemment encore l'usage du squelette figuré comme instrument de magie, usage qui fut reproché à Apulée (voy. Apulée, Apologie, édit. Nisard, p. 239), le squelette se rencontre très-rarement chez les anciens. On voit bien un cippe à Naples avec un squelette de la bouche duquel s'envole un papillon, emblème de l'âme ; on voit bien sur un bas-relief provenant des tombeaux de Cumes, près de Naples, trois squelettes qui dansent, et on en cite un autre qu'une femme ornait de bandelettes sur un pilastre des tombeaux de Pompéi, mais il est évident que ce sont là comme des dévergondages d'artistes vraiment exceptionnels. Très-rarement, je le répète, on retrouve cette triste image dans les bas-reliefs antiques. Pour voir le squelette, ou la tête de mort, employés comme symboles de la mort, il faut descendre jusqu'aux temps de la décadence de l'art, il faut les chercher sur les monuments de la moindre valeur au point de vue artistique.

Les emblèmes de la vie me semblent avoir été généralement moins nombreux chez les anciens que les emblèmes de la mort, et on conçoit qu'en effet il a dû en être ainsi. Pourquoi symboliser ce qu'on peut représenter sans symbole? Pourquoi nous peindre par une allégorie la manière d'être de tel individu que vous pouvez nous montrer parlant, agissant, vivant en un mot? Réservez vos fictions et vos images pour nous traduire cette autre manière d'être énigmatique, mystérieuse, qui constitue la mort, ou plutôt qui lui succède. En dotant ainsi d'une existence toute nouvelle celui qui n'est plus au milieu de nous, vous vous adressez à l'un de nos penchants les plus naturels et les plus vifs, celui de pénétrer l'inconnu, vous faites mieux encore, vous trompez la douleur, vous adoucissez les regrets de ceux qui viennent pleurer sur sa tombe. De là, suivant moi, la différence que je signale, et, si je ne me trompe, cette observation n'est pas moins applicable aux conceptions de la poésie ancienne qu'aux œuvres de l'art. A part certaines comparaisons peu communes d'ailleurs, ainsi celle de la vie à un voyage, à une navigation surtout Pindare), ce que les poëtes grecs s'attachent le plus à rendre, ce qui paraît les avoir le plus vivement frappés dans la vie, c'est sa fragilité, c'est sa brièveté, c'est l'inconstance de ses beaux jours. La vie est une outre pleine de vent, nous dit Epicharme. C'est le rêve d'une ombre, nous dit Pindare. C'est une roue qui tourne, ὁ βίος τροχὸς, nous dit Phocylide.

La poésie n'offrait donc sur ce point qu'une source peu féconde aux inspirations des artistes ; et cependant telles sont apparemment pour l'homme les exigences et les ressources de l'imagination, que l'art, ici même, n'a pas voulu demeurer stérile, et que, comme il avait symbolisé la mort, il a aussi symbolisé la vie.

Chacun sait que Castor et Pollux, ces deux fils jumeaux de Léda, avaient obtenu de Jupiter de partager ensemble le don de l'immortalité accordé d'abord à Pollux tout seul, et que, de cette façon, il vivaient et mouraient alternativement. Ce privilège suggéra aux artistes la pensée de prendre Castor et Pollux pour figurer la vie humaine dans sa plus haute abstraction, c'est-à-dire en tant que constituée par la succession alternative des clartés de ce monde et des ténèbres du tombeau. Les Dioscures nous représentent donc quelquefois la vie et la mort (O. Muller, ouv. cité, t. II, p. 348 et 412), et par conséquent ils forment pour nous une transition toute naturelle du symbolisme de la mort au symbolisme de la vie.

Diane ou la Lune, en tant que dispensant aux hommes la fraîcheur et la vie même, figure quelquefois la vie. Elle tient alors en main l'arc et le flambeau, ou même un flambeau de chaque main : l'arc d'où partent ses flèches, image de ses rayons, le flambeau image de notre existence. Ajoutons que, par une contradiction dont nous retrouverons plus d'un exemple, Diane, en tant qu'image de la nuit (n° 300), symbolise parfois aussi, mais plus rarement je crois, la mort en général.

La vie luxuriante et riche de force et de santé est représentée dans les monuments des derniers temps de l'art par la corne d'abondance, et souvent, à cette même époque, la vie est comme personnifiée par Prométhée enchaîné sur son rocher et délivré par Hercule, ou bien encore, et nous en avons ici un exemple (n° 322), Prométhée forme l'homme, et pour l'animer il reçoit de Minerve le don de la vie sous l'emblème d'un papillon.

Ce papillon, équivalent de ces métaphores de la poésie grecque que je citais tout à l'heure, en même temps que traduction du mot ψυχή, est, on peut le dire, le symbole de prédilection dont l'art se servit pour figurer l'âme ou la vie. Ainsi Vénus, souvent déesse de la vie, mais souvent aussi déesse de la mort, et les anciens, si ignorants que nous les supposions des rigueurs de la syphilis, pouvaient bien avoir leurs raisons pour lui donner ce double emploi, Vénus, dis-je, par une charmante fiction, nous est représentée quelquefois s'appuyant contre une colonne que surmonte un priape et brûlant un papillon à la flamme d'un flambeau qu'elle a pris à l'Amour (O. Muller, ouv. cité, t. II, p. 278)

Ce rôle de Vénus me rappelle une statue que nous trouvons ici (n° 427) et qui sans doute appartient à l'époque où le vice ne craignait plus d'afficher ses turpitudes sans honte ni pudeur ; car elle nous représente Vénus meurtrière encore, mais meurtrière de l'être lui-même qui lui doit le jour, Vénus foulant sous ses pieds un fœtus, Vénus devenue la déesse de l'avortement ou de l'infanticide. Mais revenons à des images plus dignes de nos méditations.

La fable si ingénieuse de l'Amour et Psyché n'est qu'une allégorie pleine de philosophie tout à la fois et de finesse, tantôt de l'union de l'âme et du corps, tantôt, et c'est le plus ordinaire, de l'aspiration de notre âme, Ψυχή, vers ce suprême amour, Ἔρως, vers ce souverain bien pour lequel elle est créée. Ainsi donc cette Psyché, cette jeune fille ailée que, dans le bas-relief n° 433, nous voyons Mercure amener à Prométhée, c'est l'âme, c'est la vie. Aussi ce corps périssable qu'elle va animer est-il une prison pour elle : tourmentée sur cette terre par le souvenir d'un bonheur ineffable goûté auprès d'Éros, et repoussée par lui, et brûlée d'une flamme inutile, elle attend que la mort les réunisse une seconde fois (voy. Apulée, MÉTAMORPHOSE, liv. 6). De là, dans certaines œuvres d'art, cette Psyché, maltraitée, emprisonnée par l'Amour ou par sa mère (n° 387), brûlée sous la forme d'un papillon, ou bien réconciliée, assistant au banquet nuptial, embrassée par l'Amour, etc. (O. Muller, ouv. cité, t. II, p. 330). Nul doute que, sous le voile de toutes ces péripéties, nous ne devions entrevoir toutes les péripéties de la vie humaine.

Après les fictions purement symboliques que nous venons de passer en revue, parlerons-nous des divinités, non plus seulement représentatives, mais protectrices de notre vie? Celles-ci seraient bien autrement nombreuses; car indépendamment de ce génie tutélaire qui veillait sur notre naissance et sur nos âges successifs et à qui les Romains offraient, au jour anniversaire de leur naissance, du vin, des fleurs et de l'encens, on peut dire que, depuis notre conception jusqu'à notre mort, chacune des particularités de notre existence avait son génie tout spécial. Diespiter amenait le fœtus au terme de la vie intra-utérine; Vitumnus et Sentinus lui donnaient au moment de naître, l'un la vie, l'autre le sentiment; Lucine et Junon présidaient à l'accouchement; Opis portait secours aux nouveau-nés; Vaticanus ou Vagitanus ouvrait leur bouche au vagissement; Cunina gardait leurs berceaux; Rumina gonflait la mamelle de leur nourrice; Hécate prenait soin de leurs premières années; Juventas et Hébé de leur adolescence et de leur jeunesse; Diane et Apollon recevaient, lors de la puberté, les hommages des deux sexes; la Fortune barbue ombrageait le menton du jeune homme d'une barbe naissante; Ména dotait la jeune fille de l'évacuation menstruelle, jusqu'au jour où Virginensis dénouait sa ceinture et où Domiducus la conduisait à son époux, mis lui-même, par Jugatinus et par Priapus, en état de la recevoir (voy. Saint Augustin, cité de D., l. 4, ch. 11). Ajouterai-je que la Vieillesse et la Mort avaient chacune leurs autels? On comprend que tous ces détails m'entraîneraient bien au delà des limites que je me suis imposées. Revenons donc au cadre plus modeste que nous nous sommes tracé, et n'insistons que sur les types particuliers dont le musée que nous parcourons peut nous offrir des exemples.

J'ai dit tout à l'heure que Lucine et Junon présidaient à la naissance de l'homme: j'aurais parlé plus exactement, du moins relativement à la mythologie romaine, en disant que c'était Junon-Lucine qui remplissait cette fonction, confiée par les Grecs à Diane-Lucifère. Et en effet, si d'autres déesses, ainsi la Fortune, ainsi Vénus Génitrix (n° 46), ainsi Mana-Geneta, à laquelle les Romaines immolaient un chien en cette circonstance, comme les Grecques à Hécate, comme les Argiennes à Lucine (Plutarque, QUEST. ROM.), nous sont citées quelquefois comme venant en aide aux femmes qui enfantent, ce sont-là, ou bien des exceptions, ainsi on peut le dire pour la Fortune, pour Vénus, pour Mana-Geneta, ou bien ce sont, ainsi pour Hécate, pour Lucine, pour Junon elle-même, des traductions diverses d'un seul et même type: je veux dire la Lune. C'est la Lune, cette divinité du paganisme la plus importante après le Soleil, c'est elle que nous voyons revêtir les noms les plus divers, suivant qu'ils s'appliquent, ou à ses phases, ou aux effets qu'on lui prête: *Lucine* qui, malgré l'autorité de Pline (l. 16, ch. 44), vient plutôt de *lux*, lumière, que de *lucus*, bois sacré voisin de son temple à Rome ; *Junon*, expression abrégée du rajeunissement de la lune ; *Hécate*, de ἑκάς, loin, parce que la lune darde ses rayons de loin, et le plus ordinairement *Diane* que certains étymologistes font venir de *dies*, jour, et d'autres de διαίνειν, humecter, en raison sans doute de la fraîcheur humide qui paraît accompagner la pâle clarté du flambeau de la nuit , *Ilythie* enfin, de ἐλεύθω, je viens, parce qu'elle fait venir l'enfant au monde.

C'est une chose curieuse à noter chez les anciens que cette croyance si formelle à l'action de la lune dans le travail de l'accouchement. « On dit que la lune facilite les accouchements quand elle est dans son plein, nous dit Plutarque, et que le relâchement qu'elle procure aux humeurs rend les douleurs moins vives. » (SYMPOSIAQ., l. 3, quest. 10.) « De la lune, nous redit ailleurs ce même écrivain, nous viennent...... les enfantements faciles. » (*Id.*, DE LA FACE QUI PARAÎT SUR LA LUNE.) « Les Latins, dit Varron, semblent avoir donné à la lune le nom de Junon-Lucine, parce que, depuis la conception jusqu'à l'accouchement, la lune aide au développement de l'enfant, *juvat*, de sorte que Junon-Lucine viendrait de *juvare* et de *lux*. Les anciens, ajoute-t-il, ont eu sans doute en vue ces rapports, car autrefois les femmes étaient dans l'usage de consacrer leurs sourcils à cette déesse, comme l'offrande la plus agréable pour elle, la partie du corps qui reçoit la lumière étant naturellement la plus digne de cette divinité. » (Varron, DE LA LANGUE LATINE, l. 5, § 68.) « La lumière de la lune, dit Macrobe, a la propriété de disperser et de répandre une substance humide dans notre corps dont elle ouvre et relâche tous les conduits. De là vient que Diane, qui est la même que la lune, est appelée *Artémis*, d'ἀεροτεμής, c'est-à-dire *qui fend l'air*. Elle est invoquée, sous le nom de Lucine, par les femmes en travail d'enfant, parce qu'elle a la propriété spéciale de distendre les ouvertures du corps et d'ouvrir les voies aux écoulements, ce qui est favorable à accélérer les accouchements. » (Macrobe, SATURN., l. 7, ch. 16.)

Cette confiance aux vertus de la lune remonte bien haut dans l'histoire, car les Romains et les Grecs l'avaient héritée des Égyptiens. Pour ces derniers, Isis, ou la lune encore, qui avait elle-même reçu tant de noms qu'on la nomme quelquefois la déesse Myrionyme, la déesse aux dix mille noms, était plus puissante qu'Osiris, et tandis que celui-ci, le soleil, était l'auteur et le maître de l'esprit, Isis influait spécialement sur la formation du corps. On invoquait Isis pour le succès des amours (on sait que ses temples devinrent à Rome des rendez-vous de galanterie), et, suivant l'abbé Ricard, traducteur de Plutarque, c'est par imitation que les Grecs invoquèrent pour l'accouchement, Diane, c'est-à-dire la lune, sous le nom d'Ilythie. (Voy. ŒUV. MORAL., t. XVI, p. 432.)

Quel peut avoir été le point de départ de cette confiance en la lune comme influant sur la conception ou sur l'accouchement? Cette circonstance peut-être que c'est pendant la nuit, le plus fréquemment, que la grossesse se termine, de même, et ce second fait pourrait bien être la cause du précédent, que c'est pendant la nuit aussi que le plus souvent elle commence, la nuit, cette époque

1.

des amours surtout pratiques, alors que la molle clarté de la lune, si chère aux amoureux, ramène sur la terre cette douce fraîcheur qui, dans les pays chauds, et notamment en Égypte, est d'autant plus précieuse que l'excessive ardeur du soleil a pour effet ordinaire d'énerver et d'abattre.

L'Isis des Égyptiens n'est donc pas moins intéressante pour nous que la Diane des Grecs, que la Lucine des Romains. Elle l'est encore en ce que, si nous en croyons Diodore, les Égyptiens lui attribuaient une connaissance parfaite de la médecine. Elle apparaissait pendant leur sommeil aux malades qui l'imploraient, et indiquait alors à ceux-mêmes quelquefois que les médecins avaient abandonnés les remèdes propres à les guérir. (Diodore de Sicile, l. 1, sect. 1.)

Et cependant, par le fait de cette contradiction que j'ai déjà signalée, Isis n'était pas une déesse exclusivement bienfaisante. Si nous en croyons Perse en particulier, la déesse armée du sistre (l'un des attributs d'Isis), et Cybèle elle-même, envoyaient à ceux qu'elles voulaient punir, du moins au dire de leurs prêtres, des maladies qui s'annonçaient par l'enflure de tout leur corps :

Incussére Deos inflantes corpora.....
(Perse, sat. 5, v. 187.)

Il y avait même des précautions recommandées dans certains cas contre cette action dissolvante que l'on prêtait à la lune. Les nourrices couvraient la tête des enfants, quand la lumière de la lune donnait sur eux, de peur que leur complexion, déjà molle et tendre, ne se ressentît de la vertu dissolvante de la lune (Macrobe, SATURN., l. 7, ch. 16) ; de la lune à qui, par la même raison sans doute, on attribuait si bien alors la maladie périodique des femmes, qu'on les disait, quand elles en étaient atteintes, frappées par Arthémis, frappées par Sélênê. (*Ibid.*, l. 1, ch. 17.)

Nous savons, par les auteurs grecs et latins, que le culte d'Isis, comme celui de Sérapis, après être passé d'Égypte en Grèce, passa plus tard de Grèce à Rome, où il finit par triompher des résistances que lui opposèrent les consuls et le sénat. Ne soyons donc pas surpris de la fréquence des statues ou autres figures d'Isis dans nos musées (nos 33—215—344—352—357—436) ; et devant cet autel dédié à Isis (n° 3), comme devant ces deux autres consacrés à Diane (nos 353 et surtout 214), songeons que peut-être quelque mère reconnaissante sera venue non-seulement y brûler son encens, mais encore, d'après le témoignage de Varron que je rapportais tout à l'heure, y déposer le bizarre hommage de ses sourcils.

Parcourons maintenant les nombreuses statues de Diane que ce musée peut nous offrir (nos 178—199—213—300—378—419), étudions leurs différents attributs d'après les données que j'ai résumées, et comprenons bien que, si plusieurs d'entre eux, ainsi l'arc et les flèches, ont valu à Diane de tout autres rôles que ceux dont je viens de parler, telle ne fut pas sans doute leur signification première, et qu'avant d'être la déesse de la chasse, Diane fut la déesse tutélaire de notre naissance, et quelquefois même le symbole de la vie.

La vie, quoi qu'en aient dit ceux qui croient à la dégénérescence de notre espèce, était, dès les temps historiques les plus reculés, tout autant qu'elle l'est aujourd'hui, un bien mêlé de maux ; et parmi ceux-ci, les infirmités, les maladies, ont toujours tenu le premier rang. Triste et précoce apanage de notre faiblesse, la douleur est souvent pour l'homme bien voisine de la naissance, devons-nous donc nous étonner que le Dieu qui guérit soit uni par des liens si intimes à la déesse qui fait naître, qu'Apollon soit le frère jumeau de Diane ? Cette union si étroite entre Diane et Apollon, nous la retrouverons dans plusieurs autres particularités de leur histoire. Ainsi l'un et l'autre sont adorés sous trois noms principaux : l'une s'appelle Diane sur la terre ; la lune dans le ciel ; Hécate, ou Proserpine, aux enfers ; l'autre est Phœbus au ciel, de φοῖβος, lumineux, parce qu'il conduit le char du soleil ; Liber sur la terre, et Apollon aux enfers. « A Milet, nous dit Strabon, comme à Délos, on trouve établi le culte d'Apollon *Oulius*, c'est-à-dire guérisseur, de οὔλειν, se porter bien. On sait qu'Apollon passe pour posséder l'art de guérir, de même que Diane, dite par cette raison *Artémis*, de ἀρτεμής, entier, sain. (Nous avons vu Macrobe donner à ce mot une tout autre étymologie ; et quant à ce pouvoir de guérir, nous savons qu'Isis l'avait aussi.) C'est, ajoute Strabon, à cause de cette vertu que ces deux divinités sont représentées par les deux astres qui ont le plus d'influence sur la température de l'air : Apollon par le soleil, Diane par la lune. On leur attribue, par le même motif, les maladies pestilentielles et les morts subites. » (Strabon, l. 14, ch. 1.) C'est là, en effet, entre les rôles qui leur sont dévolus, une autre de ces analogies principales que je cherche à faire ressortir, c'est que, par une nouvelle interprétation sans doute de cet arc et de ces flèches dont l'un et l'autre sont armés, tous deux envoient la mort subite, Apollon aux hommes, et Diane aux femmes. Diane dont Jupiter a fait *le lion des femmes*, suivant l'énergique expression d'Homère, en lui donnant le droit de mettre à mort celles que bon lui semblerait :

ἐπεί σε λέοντα γυναιξὶ
Ζεὺς θῆκεν, καὶ ἔδωκε καταχτάμεν, ἥν κ'ἐθέλῃσθα.

(ILIADE, l. 21, v. 483.)

Nous avons vu que, d'après Macrobe, les femmes atteintes de leur *maladie* périodique étaient dites frappées par la lune. De même, ainsi qu'il nous l'apprend ailleurs, on nomme ceux qu'une maladie consume ἀπολλωνοβλῆτοι, ou ἡλιοβλῆτοι, frappés par Apollon, ou frappés par le soleil, et, à cette occasion, Macrobe, en signalant ces puissances contradictoires affectées à la même divinité, rapproche d'Apollon et de Diane, Neptune, appelé tantôt *ébranlant la terre* et tantôt *affermissant la terre*. « C'est ainsi, ajoute-t-il, que nous adorons Apollon, c'est-à-dire le soleil, sous des noms qui signifient tantôt la salubrité et tantôt la contagion. Apollon qui protége les bons et envoie la contagion aux méchants. (SATURN., l. 1, ch. 17).

Et en effet, Apollon et Diane encore avec lui président spécialement aux affections contagieuses qui déciment l'humanité. Que les six fils et les six filles de Niobé soient ravis par la peste à cette mère désolée, les poëtes nous diront que ces malheureuses victimes ont été frappées par les flèches d'Apollon et de Diane ; que la belle Coronis succombe aux émanations malfaisantes du Bœbias dont elle habite les bords, et Pindare nous racontera qu'Apollon, pour punir cette nymphe de son infidélité, a envoyé contre elle Diane armée de ses traits (Pythique troisième).

Il me serait facile de multiplier ces citations, mais celles-ci me paraissent suffisantes d'abord pour compléter l'histoire de Diane, et notamment peut-être de Diane-Lucine, si cette réflexion de madame Dacier est vraie, à propos du passage d'Homère cité tout à l'heure, que Diane n'est si redoutable aux femmes que parce qu'elle amène les douleurs souvent mortelles de l'enfantement; et puis elles nous prouvent peut-être, et j'aime à croire que ce point de mythologie ne fut pas un trait satirique de la part des anciens contre les médecins d'alors, que l'art médical leur parut être une arme dangereuse et qui peut bien ne pas toujours guérir.

Quoi qu'il en soit, arrivons à ce qui est pour nous le caractère essentiel d'Apollon, c'est-à-dire à Apollon bienfaiteur de l'humanité, à Apollon dieu de la médecine.

Dès les temps les plus anciens, nous voyons Apollon considéré comme une divinité tutélaire, et pour rappeler sa puissance on place sur les routes un pilier conique que l'on nomme Apollon *Agyéius* (Muller, ouv. cité, t. II, p. 228). Si Ulysse a un fils en âge de le remplacer, c'est *par la faveur d'Apollon* (ODYSS., l. 19, v. 86). On lui attribue en effet à cette époque le soin de la jeunesse, sous le nom d'Apollon κουροτρόφος, comme on le prête aussi à Diane (nouveau point de contact entre le frère et la sœur) sous le nom de *Curothallia*, parce qu'elle fait croître les enfants, τους κουρους θαλλειν, et de là vient que l'on célébrait en l'honneur de celle-ci une fête particulière pour la santé des enfants. J'emprunte ces derniers traits à la plume érudite de madame Dacier. Ajoutons que c'était sans doute pour reconnaître ce soin pris en commun de leur éducation première, que plus tard les *éphèbes* des deux sexes consacraient leur chevelure à Apollon et à Diane.

Mais jusqu'ici nous ne voyons point encore cet Apollon qui, le premier, nous dit Pindare, soulagea les maladies cruelles et des femmes et des hommes. Cet Apollon, c'est l'Apollon *Péan* de Plutarque (SYMPOS., l. 9, q. 14), de παίειν, guérir ; c'est l'Apollon *Oulius* de Délos et Milet dont nous parle Strabon (*loco cit.*) ; c'est l'Apollon *Pythien* déjà adoré dès l'époque du siège de Troie, et depuis longtemps sans doute, dans cette ville de Delphes, dans cette Pytho rocheuse, Πυθοι ενι πετρήεσση, célèbre par les richesses de son temple d'Apollon *Aphêtor*, Φοιβου Ἀφήτορος, c'est-à-dire d'Apollon qui lance les flèches (ILIADE, l. 9, v. 404). On devine que, par cette épithète, Homère fait allusion à la mort du serpent Python tué par les flèches d'Apollon, et quel qu'ait été le point de départ primitif de cette dernière fable (on sait que les mythologistes varient à cet égard), peut-on se refuser à croire que plus tard ce serpent terrassé par Apollon devint, dans le symbolisme antique, la digne et brillante représentation de la maladie vaincue par la médecine? Ainsi le comprirent sans doute ceux qui, dans notre école, au fond de l'une des salles consacrées à nos examens, placèrent la copie du magnifique Apollon Pythien dit l'Apollon du Belvédère.

En outre du serpent d'Apollon qu'il ne faut pas confondre je le dis par avance, avec le serpent d'Esculape, il y a encore d'autres attributs symboliques de cette divinité médicale que je ne puis passer sous silence. Ainsi nous avons vu que pour Diane les flèches avaient été dans le principe l'image des rayons de la lune, comment douter que les flèches d'Apollon aient dû être l'image des rayons du soleil, du soleil ce dieu essentiellement vivificateur, ce dieu dont la chaleur bienfaisante nous donne la guérison, et par sa propre influence, et par l'action salutaire des plantes médicinales qu'elle fait croître. Quand Apollon est pris pour le soleil, indépendamment des rayons qui le couronnent et du char qu'il dirige, il tient quelquefois un coq sur sa main. Je pense que le chant matinal du coq qui précède et annonce le lever du soleil a dû être le principal motif de ce choix. D'autres y ont vu l'emblème de la vigilance du médecin, ou de la vigueur que son art peut rendre à l'humanité souffrante. Je laisse au lecteur le soin de se décider à ce sujet. J'hésiterais moins à trouver une allusion aux tendances de notre art dans la corneille consacrée à l'Apollon de Delphes, la corneille qui vivait neuf âges d'homme, si nous en croyons Hérodote, et qui me paraît avoir dû sa place parmi les attributs d'Apollon non moins à cette renommée qu'au rôle que la mythologie lui fait jouer dans l'histoire d'Apollon et de Coronis. La cigale, dédiée elle-même au dieu de la médecine, n'eut-elle pas une signification symbolique analogue à la précédente? Telle n'est pas, que je sache, son interprétation habituelle. Quant à moi cependant, d'après le passage suivant d'Anacréon, j'avoue qu'il me semblerait peu déraisonnable de voir dans cet insecte un autre emblème de longévité ou de santé: « La vieillesse, dit Anacréon à la cigale, ne peut rien sur toi..., tu es exempte de maladies; tu n'as ni chair ni sang; il s'en faut de peu que tu ne sois semblable aux dieux. » (Ode 43.)

Tous les détails un peu développés dans lesquels je viens d'entrer trouveraient difficilement leur justification dans le musée que nous parcourons, mais j'ai pensé qu'on me les pardonnerait en raison de l'intérêt tout spécial qui s'attache pour nous médecins au dieu de la médecine; et puis les images d'Apollon sont si communes que ce qu'on n'aura pu vérifier ici, on le constatera facilement ailleurs. Au reste, que maintenant mes lecteurs veuillent bien étudier ici même les numéros 19, 133, 135 et surtout 188, 197, 401, 627, et peut-être dans cette étude solitaire leur imagination ou leur mémoire leur suggérera-t-elle quelques aperçus qui ont bien pu m'échapper.

Après Apollon s'offre tout naturellement à notre esprit Esculape, fils d'Apollon et de la nymphe Coronis, suivant l'opinion la plus commune (n°⁸ 15, 233, 254, 275), Esculape qui, différent en cela de son père, n'apporta jamais à l'homme que le bienfait de la santé, et plusieurs fois même (et il fut pour cette généreuse témérité foudroyé par Jupiter) alla jusqu'à lui redonner l'existence. Au reste la postérité se montra reconnaissante envers lui, et, comme si les rigueurs d'Apollon et la diversité de ses attributions lui avaient aliéné une partie de la confiance des humains pour la reporter sur son fils, on peut dire que, malgré son infériorité théogonique, Esculape, simple héros dans les récits des poëtes, est maintenant aux yeux du plus grand nombre non moins élevé que son père dans la hiérarchie céleste qui nous gouverne, et qu'il partage avec Apollon le sceptre de notre art.

Le fait est que si l'on ne songeait à ce qu'est la faiblesse humaine, à la multiplicité de ses besoins, on pourrait s'étonner en parcourant les anciens auteurs du nombre et souvent de la richesse des temples dédiés à Esculape. J'ai noté en lisant Pausanias que cet auteur ne cite pas moins de cinquante-deux de ces temples consacrés, soit à Esculape tout seul, ce qui est le plus ordinaire, soit en même temps à quelque autre des divinités protectrices de la santé de l'homme ; ainsi Junon, Isis, Ilythie, Apollon et surtout Hygie. Presque tous ces temples étaient placés hors des villes et fréquemment sur le haut des collines. Quelques-uns se trouvaient sur des routes fréquentées : sur la route de Sparte, sur la route d'Argos. Deux d'entre eux, l'un à Oricium, l'autre à Mégalopolis, affectés sans doute aux maladies de l'enfance, étaient consacrés à Esculape enfant. Dans tous les autres, le dieu était représenté adulte, assis parfois : ainsi à Epidaure, ainsi chez les Argiens, ainsi dans l'île d'Egine, mais debout le plus ordinairement. Sa statue d'or et d'ivoire quelquefois, celle d'Epidaure par exemple, était imberbe dans les premiers temps, remarquable plus tard par sa longue barbe ou même par sa barbe d'or. Ovide nous dépeint l'Esculape d'Epidaure s'appuyant de la main gauche sur un bâton et de la main droite caressant sa longue barbe :

Qualis in æde
Esse solet, baculumque tenens agresle sinistrâ
Cæsariem longæ dextrâ deducere barbæ.
(Liv. 15, Métamorph., 13, v. 38 et suiv.)

On nomme l'artiste qui, le premier, dans la 130ᵉ olympiade, sut donner à Esculape une forme que ses successeurs en général adoptèrent et reproduisirent : ce fut Pyromachus. Il fit de l'Esculape de Pergame un homme mûr, semblable à Jupiter, mais d'un caractère moins élevé, d'une physionomie douce et riante, les cheveux noués avec un ruban, debout et dans l'attitude d'un homme prêt à secourir ceux qui l'appellent, *l'himation* roulé autour du bras gauche au-dessous de la poitrine et serré contre le corps en plis rigides, tenant de la main droite un bâton autour duquel un serpent s'entortille (Muller, ouv. cité, t. II, p. 239). Ajoutons que quelquefois ce bâton était noueux, allusion, nous disent certains auteurs, aux difficultés de la médecine ; que souvent on voyait un chien aux pieds d'Esculape, et qu'auprès de lui se tiennent fréquemment, soit Hygie, jeune fille florissante de fraîcheur et de santé, soit un jeune homme ou même un enfant, Télesphore, enveloppé d'un manteau ; qu'enfin, si nous en croyons Mercurialis, d'anciennes images d'Esculape le représentaient, comme nous l'avons vu pour Apollon, avec un coq sur la main. Pour compléter l'énumération de tous ces attributs symboliques, empruntons à la numismatique ce dernier trait que quelquefois Esculape est figuré par un serpent enroulé autour d'un œuf, ou même autour de l'*omphalos*, emblème ordinaire du temple de Delphes que les anciens considéraient comme le centre ou l'ombilic de la terre, cet attribut plus spécialement affecté en général à Apollon Pythien, étant venu apparemment se ranger lui-même au nombre des attributs d'Esculape.

Tous les accessoires symboliques que je viens d'énumérer ont pour nous, ou par eux-mêmes, ou par l'importance que leur prête le dieu auquel ils appartiennent, un intérêt tout particulier ; arrêtons-nous donc à leur interprétation. Le principal d'entre eux est sans contredit le serpent. Pour bien comprendre la signification du serpent d'Esculape, il faut observer que, suivant toute apparence, l'Esculape des Grecs fut originaire d'Égypte ; qu'en plusieurs points de la Grèce, c'était Sérapis qu'on adorait sous le nom d'Esculape, Sérapis qui, aussi bien qu'Esculape, guérissait les malades ; et que, dans les plus anciennes religions, bien souvent nous voyons le serpent s'identifier avec la divinité ; qu'en Égypte, par exemple, dès l'époque reculée des Pharaons, le dieu suprême revêt cette forme ; qu'une des étymologies de Sérapis est le mot *sarap*, qui signifie serpent dans les langues sémitiques, en sanscrit *sarpa* (j'emprunte ces détails à un savant travail de M. Guigniaut sur Sérapis et son origine, annexé par Burnouf à sa belle traduction de Tacite) ; qu'Isis accompagne Sérapis avec le symbole analogue de l'uræus, ou de l'aspic royal, consacré en effet de toute antiquité à la déesse Saté ou Junon, qui correspond à Isis dans un ordre supérieur. Notons ce nouvel exemple de rapprochement entre la déesse qui nous fait naître et le dieu qui nous guérit. J'ajouterai, d'après l'auteur que je viens de citer, qu'un grand serpent était nourri dans le temple d'Esculape, c'est-à-dire de Sérapis, à Alexandrie, sous Ptolémée Evergète, comme les serpents agatho-démons du temps d'Hérodote, dans le temple de Jupiter Ammon, à Thèbes.

Nous étonnerons-nous maintenant de revoir le serpent jouer un si grand rôle en Grèce, dans le culte d'Esculape, le serpent nourri aussi par les prêtres de ce dieu, qui lui donnent à boire dans une patère, le serpent que les Romains décimés par la peste viennent chercher à Épidaure et emmènent à Rome en croyant y conduire le dieu lui-même ?

Quant à ce qu'exprimait essentiellement ce symbole traditionnel, qui ne voit qu'en raison même de son origine antique et sacrée, il ne pouvait exprimer autre chose que l'ensemble des idées dominantes qui se concentrent sous l'idée abstraite de la divinité, et par exemple : la bonté (agathodæmon) ; la prudence (on sait que le serpent en est souvent l'emblême); l'éternité (un serpent qui se mord la queue), et autres qualités divines analogues, sans oublier la puissance et la respectueuse terreur qu'elle nous inspire? Je dirais même, s'il me fallait remonter jusqu'au premier motif du choix que l'homme fit du serpent pour lui prêter une valeur symbolique aussi élevée, que c'est ce dernier sentiment qui me paraît en avoir été le point de départ, sentiment qui devait être en effet bien commun dans les régions chaudes qu'on croit avoir été le berceau du monde, ou dans les régions éthiopiques, berceau de l'Égypte, contrées si fécondes en serpents dont la piqûre donne quelquefois la mort avec une foudroyante rapidité. De la crainte à la prière, à l'adoration même, la distance n'est pas longue, on la franchit aisément, et puis plus tard, une fois le culte établi, on oublie ce qui l'inspira pour n'environner ce qu'on adore que de pensées attrayantes et douces ; à la force qui peut tuer, on substitue la bonté qui peut guérir ; on finit par aimer ce qu'on avait commencé par craindre.

Telles me paraissent avoir été les premières phases qu'a dû subir l'institution du symbole dont nous parlons. Et cependant cette terreur primitive que les attaques du serpent durent causer à l'homme, assez de faits analogues et journaliers l'entretinrent, pour que le serpent ait pu en recevoir aussi dans le symbolisme antique une acception jusqu'à un certain point contradictoire à l'acception précédente. Ceci, du reste, se rattache à cette observation que j'ai déjà légitimée par plus d'un exemple pour la mythologie grecque ou romaine, observation que M. Ampère, dans un passage que je vais citer, applique spécialement à la mythologie égyptienne, mais qui pourrait bien être aussi vraie de toute autre mythologie contemporaine ou antérieure, à savoir qu'on peut y remarquer comme trait fondamental l'association dans les mêmes types divins des attributs les plus contraires. « Il n'est point de divinité égyptienne, nous dit ce savant écrivain, qui ne soit tour à tour une puissance lumineuse et une puissance de ténèbres, un principe de vie et un principe de mort. Osiris le dieu bon..... le dieu solaire..... est aussi le dieu infernal, le terrible juge des morts. Par la même raison Sevek, le dieu crocodile, le dieu dévorant, dont la queue est l'hiéroglyphe des ténèbres, est assimilé (dans le grand temple d'Ombos) au dieu Soleil, à Horus. » (Ampère, RECHERCHES EN ÉGYPTE ET EN NUBIE. REVUE DES DEUX-MONDES du 1ᵉʳ avril 1848.)

De là sans doute le caractère malfaisant et hostile prêté au serpent par les écrivains sacrés et par les poëtes. De là le serpent de nos livres saints dont les suggestions fatales ont amené pour nous les infirmités et la mort; de là plus tard ces serpents dont les morsures de feu déciment les Israélites dans le désert, et, par un rapprochement qui met dans tout son jour le double point de vue dont je parle, se guérissent dès que les malades fixent les yeux sur le serpent d'airain érigé par Moïse (NOMBRES, ch. 21); de là le serpent *Apophis* des Égyptiens, symbole du mal et des ténèbres, ou même ce *Sevek*, cet autre reptile dont nous parlions tout à l'heure; de là le Typhon d'Hésiode et d'Homère, l'hydre d'Hercule, les serpents des Gorgones, et tant d'autres que je pourrais rappeler; de là enfin le serpent Python terrassé par Apollon.

Ainsi donc, génie du bien, ou emblème de la santé; génie du mal, ou emblème de la maladie; telles furent les deux faces principales sous lesquelles le serpent fut envisagé dans l'antiquité; et l'on voit maintenant ce qu'il faut penser de toutes ces interprétations plus ou moins ingénieuses, mais toujours aussi plus ou moins frivoles, rêvées par les anciens eux-mêmes à l'égard du serpent d'Esculape, alors qu'ils avaient oublié peut-être le point de départ religieux que nous venons d'assigner à ce mythe si digne d'intérêt, en replaçant son origine aux premiers âges du monde. Pour l'un, le serpent d'Esculape est le symbole de la prudence du médecin ou de sa vigilance (Festus); pour l'autre, les serpents sont associés en général aux divinités qui président à la santé de l'homme, « parce que ces divinités tutélaires font que le corps humain, dépouillé pour ainsi dire de sa maladie, recouvre sa primitive verdeur, de même que les serpents rajeunissent chaque année en se dépouillant de leur peau. » (Macrobe, SATURN., l. 1, ch. 20.) Pour d'autres encore, certains reptiles, la couleuvre, par exemple, ont beaucoup de propriétés médicinales, et c'est pour cela que ce reptile est consacré à Esculape. (Pline, l. 29, ch. 4.) J'avoue que, quant à moi, je croirais bien plutôt que c'est au contraire l'importance médicale donnée au serpent par le symbolisme antique qui enfanta la croyance aux vertus médicinales de certains reptiles, comme je pense que le caractère divin et sacré dont la mythologie l'avait revêtu nous explique le choix de cet emblème dessiné par les anciens sur les monuments dont ils voulaient garantir les murailles contre les offenses des passants.

Nous avons vu que, d'après Mercurialis, d'anciennes images d'Esculape le représentaient avec un coq sur la main. Nous pourrions supposer que ce fut là, comme nous l'avons dit plus haut pour l'*omphalos* de Delphes, un de ces attributs qui, d'Apollon, passèrent à son fils, si ce n'était un fait bien connu que le coq était essentiellement consacré à Esculape. Qui ne sait que, près de mourir, Socrate recommandait à ses amis de sacrifier pour lui un coq à Esculape? Ne pourrait-on pas d'ailleurs penser que l'usage médicinal du coq, ou du poulet, fut peut-être pour quelque chose dans le choix de cette victime? L'usage du bouillon, ou de la chair du poulet, dans les convalescences, était connu des anciens. Pline nous vante le bouillon de volaille, ou l'eau de poulet, comme utile contre beaucoup d'accidents. Le coq, nous dit-il aussi, appliqué sur la plaie, neutralise le venin des serpents. Les panthères et les lions ne touchent point à ceux qui se sont frottés du jus d'un coq (l. 29, ch. 4). Ne serait-ce pas encore la prestance assurée du coq, son ardeur belliqueuse et génératrice, son air de mâle

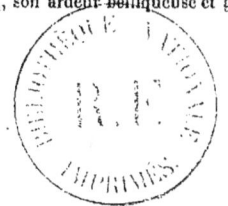

vigueur qui lui valurent d'être compté au nombre des attributs du dieu de la médecine ?

Du coq d'Esculape à l'œuf entouré des replis d'un serpent que nous offrent certaines médailles comme figure d'Esculape, la transition, bien entendu, n'est que dans les termes, et tout autre est en effet leur signification. On sait quelle fut, chez les Grecs, la faveur et la vogue du système cosmogonique d'Orphée. Suivant Orphée, un chaos éternel, non engendré, existait avant que notre monde ne fût, et ce chaos avait la forme d'un œuf immense. De cet œuf sortit un être qui avait les deux sexes, et ce fut cet être qui devint le principe de tout ce qui existe aujourd'hui. L'œuf était donc, pour les Grecs, le symbole du monde, et ce symbole se retrouve chez plusieurs autres nations. Chose étrange ; car on pourrait se demander s'il n'y a pas eu dans un pareil choix comme une inspiration scientifique anticipée, puisque, de nos jours même, la géologie imaginerait difficilement un plus fidèle emblème de ce globe terrestre, qu'elle considère comme constitué, ainsi qu'un œuf, par un liquide central qu'emprisonne une croûte solidifiée. Quoi qu'il en soit, l'œuf, suivant Plutarque, représente l'auteur de la nature, qui produit tout, qui renferme en soi toutes choses. (Sympos., l. 2, quest. 3.) Les Égyptiens nous montrent leur dieu *Kneph*, cause-efficiente de l'univers, avec un œuf sortant de sa bouche, ce qui indique que la divinité ayant laissé d'abord la matière dans un immense chaos, la réunit peu à peu sous la forme d'un œuf, et puis, ayant rempli cet œuf de sa vertu, s'en servit pour créer l'univers. (Voy. Jablonski, PANTHÉON ÉGYPTIEN, l. 1, ch. 2.) Après ce que nous avons dit sur la signification première du serpent, comment douter de la communauté d'origine entre le serpent et l'œuf ? Comment ne pas voir dans ce dernier une nouvelle preuve du caractère antique et religieux de notre art, soit que cet œuf figurât l'universalité de ses applications, ou plutôt sans doute sa puissance créatrice ?

Si la signification première du serpent fut, comme nous l'avons vu tout à l'heure, méconnue ou même oubliée par les anciens, on comprend aisément qu'il pût en être de même de la signification que nous venons d'assigner à l'œuf d'Esculape. Il y avait d'ailleurs entre cet œuf et ce serpent et certains autres attributs analogues un rapprochement trop naturel pour que le vulgaire des fidèles ne dût pas l'imaginer ou du moins l'accepter généralement. De là cette vieille fable qui, au dire de quelques mythologistes, aurait fait naître le serpent d'Esculape, ou peut-être Esculape lui-même, d'un œuf de corneille, *ex ovo cornicis* (Voy. Eckel, DOCTRINA NUMMORUM VETERUM, au chapitre concernant les monnaies de la famille Eppia); de là, suivant Lucien, cette fraude du prestidigitateur Alexandre, qui enferme adroitement un serpent nouveau-né dans un œuf d'oie, et, l'en faisant sortir devant la multitude, s'écrie avec elle qu'Esculape est né en effet, non de Coronis, ni d'une corneille, mais d'une oie. (Voy. Lucien, sur Alexandre.)

Que dirons-nous maintenant du chien qui souvent repose aux pieds de la statue d'Esculape ? Un chevrier des environs d'Épidaure, Aristhène, cherchant une de ses chèvres et son chien, trouve, dans un lieu retiré du mont Tisthion, un petit enfant tout resplendissant de lumière, que gardait son chien et que sa chèvre allaitait. Cet enfant était Esculape, que Coronis sa mère était venue cacher en cet endroit. (Voy. Pausan. Corinthie, ch. 26.) De là sans doute le chien dont nous parlons; de là aussi l'usage cité par le même auteur, de ne point immoler de chèvres à Esculape dans son temple d'Épidaure.

Je n'ai rien dit, en énumérant les attributs d'Esculape, d'un détail qui me paraît en effet d'une valeur secondaire, mais que néanmoins on range quelquefois parmi ceux dont nous parlons. Ce détail, c'est la pomme de pin. « Dans le temple de Sicyone, nous dit Pausanias, Esculape, sans barbe (ce temple, comme nous le verrons, est un des plus anciens), tient d'une main un sceptre, et de l'autre une pomme de pin. » (Corinthie, ch. 10.) Si cet attribut ne fut pas emprunté par Esculape au culte de quelque autre divinité, telle que Cybèle ou Vesta, s'il ne fut pas, plus simplement encore, une sorte de représentation de l'*omphalos* de Delphes, dont la forme était en effet analogue à la sienne, ne pourrions-nous pas y voir comme un souvenir de ces bois sacrés qui environnaient les temples d'Esculape, ou un symbole de l'utilité thérapeutique déjà attribuée sans doute aux émanations des bois de sapins et aux produits divers que peuvent nous donner les arbres qui portent la pomme de pin?

Pour terminer cette analyse des accessoires d'Esculape, nous devrions nous occuper d'Hygie et de Télesphore. Mais ces deux personnages, qui souvent figurent isolément, méritent bien une place à part, et avant d'arriver à eux, je crois plus convenable de compléter l'histoire d'Esculape par quelques mots sur une divinité égyptienne bien voisine de celle-ci dans les fonctions qu'on lui prête et dans les détails de son culte, et que j'ai déjà nommée comme l'Esculape égyptien, je veux parler de Sérapis.

Nommer Sérapis l'Esculape égyptien, c'est tenir plutôt compte de ses attributions pratiques et des cures merveilleuses qui s'opéraient dans ses temples de Memphis, d'Alexandrie, de Canope, et dans ceux de Babylone, de Grèce et de Rome, que de ses titres mythologiques primitifs, qui font de lui un dieu tout autre qu'Esculape. Confondu quelquefois avec le Soleil, et quelquefois aussi avec Pluton, cette trinité de dénominations semblerait déjà lui mériter, mieux qu'à Horus, d'être envisagé comme l'analogue de l'Apollon des Grecs, s'il n'était démontré, par des raisons plus péremptoires encore, que Sérapis fut véritablement le Jupiter de l'Égypte. Quoi qu'il en soit, son culte se propagea dans tout le monde hellénique, et, à une époque que l'on ne saurait préciser, il s'introduisit à Rome avec le culte d'Isis. En l'année 249 avant notre ère, nous voyons le sénat romain, indigné de cette invasion, ordonner la démolition des chapelles d'Isis et de Sérapis, et Paul Émile leur donner le premier coup de hache pour vaincre l'hésitation superstitieuse des ouvriers. Malgré ces rigueurs plus d'une fois renouvelées, la dévotion égyptienne n'en continue pas moins ses progrès. L'an 711 de Rome, les triumvirs relèvent les autels du dieu d'Alexandrie, mais en reléguant ses temples hors des murs, ce qui leur donne pour nous une analogie de plus avec les temples d'Esculape. Tibère persécute violemment les prêtres d'Isis et de Sérapis; mais sous Vespasien, qui devait tant à l'Égypte et au prestige dont les oracles de Sérapis l'avaient entouré, tout l'empire voit se multiplier les temples des dieux d'Égypte. Ce n'est pourtant que sous les Antonins, vers le milieu du deuxième siècle, que le culte de Sérapis est publiquement reconnu à Rome. Il ne comptait pas alors moins de quarante-deux temples en Égypte, et ceux des provinces romaines étaient innombrables, au dire d'OElius Aristides, prêtre d'Esculape, qui, dans un magnifique éloge de Sérapis, soutenait que, tout-puissant sur l'homme, ce dieu réunissait en lui seul tous les caractères et toutes les fonctions des dieux suprêmes.

L'idée de cette concentration de tous les autres dieux en un seul dieu avait pris même un tel essor, et les esprits à cette époque étaient dévorés d'une telle soif d'unité religieuse, que l'empereur Adrien, confondant les apparences, écrivait ces mémorables paroles : « Ceux qui adorent Sérapis sont chrétiens et ceux qui se disent évêques du Christ sont consacrés à Sérapis.... Les Égyptiens d'Alexandrie n'ont qu'un dieu auquel rendent hommage les chrétiens, les juifs et toutes les autres nations. » Et pourtant, ajoute à ce propos M. Guigniaut dans le curieux travail sur Sérapis que j'ai déjà cité et auquel je viens d'emprunter les principaux traits du résumé historique qui précède, et pourtant il y avait cette grande différence, que les chrétiens voyaient dans le Verbe fait chair la révélation de la suprême intelligence et l'image vivante de l'unité absolue, tandis que les nations païennes révéraient leur Sérapis Panthée comme l'unité collective du monde, comme l'univers dieu, plutôt que comme le dieu de l'univers, témoin cet oracle attribué à Sérapis par Macrobe : Je suis le dieu que je vais dire : la voûte des cieux est ma tête ; la mer est mon ventre ; sur la terre posent mes pieds, et mes oreilles sont dans les régions éthérées ; mon œil est le brillant flambeau du soleil qui porte au loin ses regards. (Macrobe, SATURN. 1, ch. 20.)

Les détails que je viens de citer m'ont entraîné peut-être un peu loin, mais ils m'ont paru dignement compléter l'histoire des dieux de la médecine. De cette façon nous avons vu notre art, par le serpent qui en est le principal symbole, contemporain des premiers âges du monde, s'y confondant avec les premières notions de la Divinité ; par Sérapis, nous le voyons se confondre encore avec ce dieu unique, dernier rêve de la mythologie, transition entre l'Esculape des païens et le Christ, cet autre Esculape, qui devait n'apporter à son tour que des bienfaits sur la terre et y passer en faisant le bien, *transivit bene faciendo*, qui devait y guérir les malades, qui devait, lui aussi, ressusciter les morts, mais sans avoir à craindre pour ce fait les foudres d'un dieu vengeur.

Après ce que j'ai dit sur Sérapis, je ferai observer, comme je l'ai fait plus haut pour Isis, qu'il n'y a donc rien d'étrange que les statues de cette divinité soient aussi nombreuses dans nos collections de statues grecques et romaines. Cependant le musée que nous étudions ne nous en présente que deux (n°ˢ 13 et 351); mais, comme je le disais pour Apollon, nous vérifierons facilement ailleurs, et dans le musée égyptien par exemple, ce que nous ne rencontrerions point ici.

Les attributs principaux de Sérapis sont : une sorte de boisseau, appelé en latin *calathus* ou *modius*, qui couronne sa tête, pour exprimer l'abondance que ce dieu pris pour le soleil apporte à tous les hommes, et, quand il est pris pour Pluton, une pique ou un sceptre dans sa main et Cerbère à ses pieds. Quelquefois ce chien à trois têtes est enlacé par les replis d'un serpent. Sérapis est en général représenté avec le menton garni de barbe, et souvent, sauf le boisseau, il a les mêmes formes que Jupiter. Toutes ces particularités trouvent une explication suffisante, je pense, dans les développements auxquels je me suis arrêté. Je reviens maintenant à Hygie et à Télesphore.

Hygie, fille d'Esculape, est la déesse de la santé. C'est la déesse *Salus* des Romains, qui lui avaient élevé plusieurs temples, un entre autres, dès l'an de Rome 451, sur le mont Quirinal (Tite Live, l. 10, c. 1), et lui avaient consacré un collége de pontifes chargés de prier pour la santé des particuliers et la conservation de tout l'empire. Chez les Grecs, comme nous l'avons vu, la statue d'Hygie était bien souvent associée à celle d'Esculape. Il paraît même que quelquefois l'identité de leurs attributions leur valait une dénomination commune : ainsi à Titané, dans la Sicyonie, où le temple d'Esculape fut sans doute un des premiers que l'on connaisse, puisqu'il fut construit par Alexanor, fils de Machaon, fils lui-même d'Esculape, la statue de ce dieu, nous dit Pausanias, se nomme aussi Hygie (Achaïe, ch. 23). Il est vrai que, d'après le costume de l'une et de l'autre, dans ce même temple de Titané, il était bien permis de les confondre. « On ne voit de la statue d'Esculape, nous dit ailleurs Pausanias, que le visage, les pieds et les mains, le reste est caché par une tunique de laine blanche que recouvre une robe. Il en est de même de la statue d'Hygie ; à peine aussi peut-on la voir, tant elle est couverte de cheveux offerts par les femmes qui se les coupent en son honneur, et de bandes d'étoffes de Babylone. » (CORINTHIE, ch. 11.)

Telle n'est pas cependant la manière d'être que la plastique prête le plus habituellement à Hygie. Quelquefois c'est une jeune fille assise sur un trône, couronnée de lauriers et autres plantes médicinales, tenant une patère de la main droite et un serpent de la main gauche. Quelquefois elle porte un coq sur la main droite et de l'autre elle tient un serpent qui s'enroule autour de son bras. Souvent, et nous en avons un exemple ici (n° 84), c'est une jeune fille belle de vigueur, debout et offrant à boire à un serpent sur une patère qu'elle tient de la main gauche. Cette pose est une allusion bien évidente à l'usage des prêtres d'Épidaure qui, utilisant le caractère doux et inoffensif d'une espèce de serpents roussâtres et communs dans le pays d'Épidaure (Pausan., CORINTHIE, ch. 28), les habituaient à se replier autour d'eux, et à se dresser de manière à venir prendre la nourriture qu'ils leur présentaient dans une coupe.

Outre la statue que je signale ici, nous avons une autre effigie de cette même déesse adjointe à Esculape dans les bas-reliefs nos 254 et 268. Nous y retrouvons encore le serpent de la médecine; et puis, n° 651, voici quelques mots, reste bien incomplet d'une inscription qui paraît avoir contenu une invocation à Hygie. Il ne sera peut-être pas sans intérêt de compléter en quelque sorte ce qui lui manque, en rapprochant de ce débris si imparfait une prière sans doute analogue composée en l'honneur d'Hygie par Ariphon de Sicyone, prière qu'Athénée nous a conservée sous le nom de Pœan à Hygie (DEIPNOSOPH., l. 15), et que Maxime de Tyr nous cite comme fort ancienne et comme chantée cependant encore de son temps, c'est-à-dire sous Marc-Aurèle (Voy. DISSERT. 13, § 1) :

« Hygie, déesse surtout vénérable parmi les bienheureux, puissé-je être tou-
» jours avec toi jusqu'à la fin de mes jours, et toi ne me refuse pas de demeurer
» avec moi pour me faire goûter tes faveurs. Car s'il est des attraits dans les ri-
» chesses, dans l'amour des parents, dans la royauté que les hommes regardent
» comme le bonheur des dieux mêmes, dans les plaisirs que nous demandons à
» Vénus; s'il en est dans la joie que les dieux peuvent nous procurer, dans le
» repos qui rétablit nos forces après le travail, Hygie! c'est avec toi, ô immor-
» telle! C'est avec toi que tout fleurit et que brille le printemps des grâces,
» mais sans toi pas de bonheur possible. » (Athénée, DEIPNOSOPH., fin du liv. 15.)

Bien souvent, auprès de la statue d'Esculape, avec la déesse Hygie et plus ordinairement en son absence, on remarque un jeune homme, ou même un enfant, enveloppé d'un manteau à capuchon sous lequel se cachent ses pieds et ses mains. Ce personnage, c'est Télesphore. Télesphore, médecin célèbre, comme Esculape sans doute, fut mis comme lui au rang des dieux, et ce fut Pergame qui la première lui décerna les honneurs divins. Télesphore est, comme Hygie, le symbole de la santé. Comme tel, non-seulement il accompagne Esculape et Hygie, mais quelquefois même on le retrouve auprès d'Hercule, pour nous faire entendre apparemment que la force n'est rien sans la santé. Suivant d'autres, il exprimerait aussi la force cachée, la force vitale (O. Muller, ARCHÉOL., t. II). D'autres encore y voient l'emblème de la convalescence. Je suis d'autant plus porté à admettre que telle fut en effet sa signification la plus générale, qu'en faveur de cette idée militent, si je ne me trompe, et l'étymologie de Télesphore (τέλος fin, et φέρω porter), et surtout ce costume qui rappelle celui de l'Esculape de Titané, et qui est si bien en rapport avec les précautions que la convalescence exige.

Je noterai à ce sujet que, chez les Romains, le capuchon, ainsi que les bas et la cravate qui enveloppait le cou et les oreilles, n'étaient permis qu'aux malades. C'étaient les insignes de la maladie, *insignia morbi* (Voy. Horace, sat. 3, l. 2, v. 253). Il n'y a, dit Quintilien, que la maladie qui puisse faire excuser les capuchons, les bas, les linges qui enveloppent le cou et les oreilles. *Palliolum, sicut fascias quibus crura vestiuntur, et focalia, et aurium ligamenta, sola excusare potest valetudo* (INSTIT. ORAT., l. 11, ch. 3).

Nous rencontrons ici Télesphore, soit tout seul (n° 510), soit avec Esculape (n° 475). Dans ce dernier groupe, nous pouvons remarquer, derrière Télesphore, deux rouleaux qui paraissent à l'auteur du livret du musée indiquer les deux parties essentielles de la médecine : l'hygiène et la thérapeutique ; le lien qui unit ces deux rouleaux désignerait l'accord de ces deux arts. Une tablette qui leur est jointe serait une de ces tablettes votives où l'on inscrivait les maladies dont on avait été guéri par le secours d'Esculape, et le traitement qu'on avait suivi. Ce que l'on voit sur le sol, entre Esculape et Télesphore, de forme circulaire et bombée, est peut-être le *clypeus* ou *clibanus*, espèce de bouclier, ou de couvercle d'airain, qui, dans les bains de vapeurs, servait à modifier la chaleur fournie par l'*hypocaustum*, ou fourneau placé sous la salle de bain.

Ici se termine tout ce qui a trait, directement ou non, à l'histoire des divinités principales qui président à la médecine, et à l'histoire d'Esculape spécialement. Jetons maintenant un coup d'œil sur quelques autres divinités encore, qui, pour avoir joué à cet égard un rôle secondaire, n'en sont pas moins dignes de trouver place dans cette revue.

Ce que nous avons dit plus haut, en parlant de l'origine du serpent d'Esculape, sur le caractère antique et divin attribué à la médecine par les anciens, nous explique suffisamment comment la suprême sagesse, comment cette fille du cerveau de Jupiter, comment Minerve, en un mot, put être investie elle-même des attributions médicales. Les Romains avaient en effet leur *Minerva medica ;* on voit encore à Rome les débris d'un temple qui porte ce nom, et cette Minerve, si nous en croyons Valère Maxime, donnait parfois en songe d'utiles conseils aux malades (l. 1, ch. 7, § 1). Je remarque dans l'atlas de Muller une Minerve représentée comme Hygie nourrissant le serpent d'Esculape (pl. 33, fig. 109). Ne passons donc point devant les différentes Minerves de ce musée (n°s 162—192—310—386—398—431—448—458), sans songer que peut-être il en est parmi elles qui, comme les divinités que nous avons vues jusqu'ici, auront reçu de quelques malades soit des prières, soit des hommages.

Mercure, *le plus utile des dieux*, suivant l'expression d'Aristophane (GRENOUILLES, v. 1175), ne pouvait non plus demeurer étranger à notre art. Aussi bien, nous voyons la Grèce, dès les temps primitifs, en faire un dieu de la santé et multiplier ses images sur les routes, dans les carrefours, dans les champs et dans les jardins. On lui donne alors la forme grossière d'un pieu, terminé par une tête barbue et muni d'un phallus. C'est alors le distributeur de tous les biens (δώτωρ ἑάων, etc.). Dès cette époque reculée, et sous cette même forme d'un buste phallique, il préside aux gymnases comme dispensateur de la beauté corporelle, des proportions harmonieuses et de la vigueur physique. (Voy. Muller, ARCHÉOL., t. II.) Comme tel, en tant que Mercure ἐναγώνιος, c'est-à-dire présidant aux combats du gymnase, plutôt que comme dieu de la santé, il a quelquefois le coq pour attribut, le coq, digne en effet de ce choix par son humeur belliqueuse.

Si le coq n'a pas ici la signification que nous aurions pu supposer d'abord, il y a par contre un Mercure que je ne trouve pas, il est vrai, dans le musée que nous étudions, mais il est si connu que je ne puis me dispenser de le citer; il nous offre un intérêt que nous pourrions ne pas deviner : c'est le Mercure Κριοφόρος ou porte-bélier ; c'est l'analogue, et sans doute, comme nous le verrons tout à l'heure, l'original du bon pasteur des chrétiens. « Il existe à Tanagra, nous dit Pausanias, un temple dédié à Mercure dit Κριοφόρος, parce qu'il détourna de la ville une maladie contagieuse en portant un bélier autour des murs; c'est pour cela que Calamis a fait la statue de Mercure portant un bélier sur ses épaules. Le jour de la fête du dieu, celui des adolescents qui est jugé le plus beau fait le tour des murs de la ville, portant un agneau sur ses épaules. » (Pausan., Béotie, ch. 22.) M. Raoul Rochette, dans son beau travail sur les catacombes de Rome (Mém. de l'Acad. des Inscr. et b. l.), fait observer que l'image du bon pasteur, si commune sur les sarcophages des premiers chrétiens, était la répétition de cette statue de Calamis, qui déjà même avait eu d'autres imitateurs chez les païens. Qui pourrait douter, dit M. Raoul Rochette, que les chrétiens prirent là un type qui leur fournissait, au moyen d'un simple changement d'intention, l'image la plus heureuse du Sauveur des hommes ?

Tout le monde sait que Mercure servait de guide aux âmes des morts et les conduisait chez Pluton. Nous voyons Mercure, dans l'Odyssée, amener les âmes des prétendants de Pénélope aux enfers, ou plutôt dans ce pré couvert d'asphodèles (ασφοδέλος λειμών) où elles retrouvent les âmes d'Achille, d'Agamemnon, etc. Ce souvenir est, suivant toute probabilité, consigné dans ce bas-relief (n° 538) qui paraît représenter le Mercure psychagogue ou ψυχοπομπὸς des anciens.

Bien que ceux-ci, par une modification insensible et de ses fonctions et de ses images, aient été jusqu'à faire du Mercure des premiers temps, de ce Mercure dieu de la force corporelle et de la santé, toute autre chose assurément, et, par exemple, le dieu du commerce et de l'industrie, l'idée première survécut apparemment à ses manifestations primitives ; car chez nos ancêtres eux-mêmes, les Gaulois, le plus vénéré de leurs dieux, Teutatès, qui n'était que le Mercure de la mythologie gréco-romaine, ce que nous prouvent ses figures arrivées jusqu'à nous, était non-seulement le dieu des arts, des voyageurs, du commerce, mais aussi celui qu'imploraient les femmes enceintes. (Voy. Hist. univ. angl., t. XXX, p. 428.)

Voilà donc bien des raisons pour que nous ayons dû mentionner Mercure au nombre des divinités qui réclament l'attention du médecin ; voilà bien des souvenirs qui peuvent nous occuper en présence des images de Mercure que nous rencontrons ici (n°ˢ 93—263—297), si éloignées que, de prime abord, elles paraissent être de l'objet spécial de nos recherches.

Hercule ne mérite pas moins de nous arrêter. Si ses représentations les plus ordinaires, et elles sont ici même assez nombreuses (n°ˢ 319—432—505, etc), ne réveillent guère en général que l'idée de la force brutale, on aurait tort de croire que ce fût là, dans l'antiquité, l'unique attribut d'Hercule. Époux d'Hébé, déesse de la puberté, Hercule symbolise par cela même, moins la force dont je parlais tout à l'heure que la vigueur toute spéciale de cette belle époque de notre vie. L'Hercule des Phéniciens, Melkarth, était l'analogue d'Apollon : c'était la personnification du soleil; et à Messine, en Sicile, on invoquait Hercule tout à la fois comme préservant les matelots du naufrage et comme guérissant les maladies. (A. Maury, Rev. archéol., 15 juin 1849.) A Mélite, en Attique, il avait reçu le nom d'Ἀλεξίκακος; il est invoqué dans les hymnes orphiques comme chassant les maladies; et comme dieu médical encore, il présidait aux sources thermales en Grèce et en Italie. (Voy. *ibid.*) Je me demande même si ce n'est point à ce dernier titre qu'apparemment on lui sacrifiait quelquefois un coq, ainsi que Plutarque nous l'apprend. (Voy. Sympos., l. vi, quest. 10.) Cette question me semble d'autant plus légitime, que le coq, en tant que symbole de la santé probablement, était encore l'attribut des eaux minérales. Ainsi à Himère, en Sicile, lieu célèbre par ses eaux, les monnaies portaient l'effigie d'un coq. (Voy., dans la Description des monnaies siciliennes, par Torre-Muza, le chapitre : *Himerensium.*)

Hercule, ainsi qu'Esculape, ainsi que Jason, fut élevé par le centaure Chiron, et ce sage, dit Pindare, forma leurs mains délicates à l'art de préparer les médicaments. (Troisième Néméenne.) Ce détail, qui confirme l'intérêt médical que nous venons de prêter à Hercule, nous amène à signaler encore, ne fût-ce que pour mémoire, Chiron lui-même, fils de Saturne et de Philyre, surnommée *Anodynie,* Chiron, maître d'Esculape et de tant d'autres et père de la chirurgie, et Jason, dont nous avons ici une des statues les plus admirées (n° 710). Jason semble avoir été, comme je le remarquais tout à l'heure pour Hercule, un dieu des navigateurs, en même temps qu'un dieu médical, et d'après M. A. Maury (ouvr. cité), il existait dans la religion phénicienne une liaison intime entre les divinités médicales et celles qui présidaient à la navigation. Les unes et les autres procuraient le salut aux mortels, et de là pour les unes et les autres le surnom de *Sôter,* ce surnom qui figure parmi ceux d'Apollon. Remarquons, à ce propos, que la comparaison de la vie à une navigation est une des comparaisons les plus familières à certains poëtes grecs, à Pindare en particulier, et que, suivant Simplicius, la mer, à cause de ses tempêtes et de ses continuelles vicissitudes..., a été prise par les anciens mythologues pour le symbole de la naissance. (Comment. a Épictète, § XIII.) Ajoutons, relativement à Jason, qu'il nous est cité d'ailleurs par Pausanias (liv. i, ch. 34) comme un des dieux de la santé.

Dirai-je enfin que Bacchus aurait quelques droits à figurer lui-même auprès des héros que nous venons de nommer ? Bacchus, un des élèves aussi de Chiron, fut, au dire de Plutarque, regardé comme un bon médecin, non-seulement pour avoir imaginé l'usage du vin, ce remède le plus efficace et le plus agréable, mais aussi pour avoir enseigné à ceux que transporte une fureur bachique à se couronner de lierre, lequel par sa fraîcheur apaise les chaleurs du vin. (Sympos., l. 3, quest. 1.) Donnons donc quelques regards, ne fût-ce qu'en mémoire des vins médicinaux, aux principales statues de Bacchus que nous pouvons rencontrer ici. Elles sont assez nombreuses; mais je citerai spécialement les numéros 203 et 428.

Terminons cette longue promenade en venant contempler avec un respectueux recueillement cette belle image (n° 524) du vrai patron de la médecine, de cet Hippocrate dont le courageux dévouement, l'âme généreuse et désintéressée, le génie d'observation et les écrits immortels ont eu pour effet, non-seulement d'éterniser son nom, mais encore de faire rejaillir sur notre profession une gloire impérissable. Hippocrate sera pour nous le digne couronnement de cette revue. Comme une transition entre la mythologie et l'histoire, le divin oracle de Cos devait clore la liste des divinités mythologiques, but essentiel de ce travail.

Ces divinités, comme nous l'avons vu, furent bien nombreuses et bien diverses; et encore l'énumération que nous en avons donnée est-elle loin d'avoir pu comprendre tout ce qui, dans la mythologie païenne et dans les objets de son culte particulièrement, avait trait aux différentes phases de la vie humaine, soit physiologiques, soit morbides. Ainsi nous n'avons désigné que par leurs noms et en passant bon nombre des dieux ou déesses qui présidaient à la vie intra-utérine et aux premières années de l'enfance et de la jeunesse; et combien d'autres ont dû nous échapper, ne fût-ce que cette déesse Carmenta à qui les dames romaines avaient dédié un temple pour la remercier de leur fécondité, ne fût-ce que Palès qu'elles imploraient aussi pour que leurs couches fussent heureuses, et cette fille d'Epione et d'Esculape, cette Panacée, qui pouvait guérir tous les maux! Mais où sont les statues ou autres images de ces divinités?

De notre cadre borné à l'enceinte d'un musée s'est, par cette raison aussi, trouvée exclue toute une autre catégorie de divinités bien dignes elles-mêmes de nos études : je veux parler de ces puissances uniquement malfaisantes qui, pour les anciens, personnifiaient les maladies, ces pâles habitantes du vestibule des enfers, suivant Virgile: la Fièvre qui avait plusieurs temples à Rome; Mana qui présidait aux maladies des femmes; Orbona que les parents invoquaient pour garantir leurs enfants de son courroux, *ne inciderent in orbitatem*; Méphitis, la déesse des émanations pernicieuses, qui avait hors des murs de Crémone un temple dont nous parle Tacite ; les Furies même et les dieux infernaux, qu'Amyntor, père de Phénix, invoque dans sa colère pour que son fils meure sans enfants (Iliade, l. 9, v. 454), et tant d'autres, ou dont les représentations figurées ne sont pas, que je sache, arrivées jusqu'à nos jours, ou que nous n'avons point rencontrées dans le musée que nous venons de parcourir.

Malgré ces lacunes, n'en ai-je pas dit assez pour ouvrir aux méditations, aux rêveries du moins de certains de mes confrères, une veine qui peut-être leur était restée presque inconnue; pour leur prouver que, là encore, au milieu de ces chefs-d'œuvre si féconds en jouissances d'un autre genre, le médecin peut venir glaner lui-même instruction et profit? N'est-ce pas d'ailleurs un beau spectacle, et bien fait pour exciter dans nos âmes une noble émulation et pour relever à nos propres yeux la dignité de notre art, que de voir les monuments les plus précieux nous en révéler l'origine antique et divine, et nos devanciers des premiers âges marcher de pair avec les dieux? De bonne foi, je le demande au lecteur qui a bien voulu me suivre dans cette excursion toute médicale et remonter avec moi le cours des siècles, regrette-t-il d'avoir pour quelques instants échangé contre ces vieux souvenirs les passions bruyantes et les misérables sollicitudes des temps présents?

FIN.

www.ingramcontent.com/pod-product-compliance
Lightning Source LLC
Chambersburg PA
CBHW050035230526
45470CB00003B/1281